AF275573

LO QUE EL CORAZÓN GRITA

María Sagreras Vicente

COLECCIÓN ITES

LO QUE EL CORAZÓN GRITA

© María Sagreras Vicente
© Prólogo: Sandra Barceló
© de esta edición: Olé Libros, 2025

ISBN: 979-13-87951-10-8
Depósito legal: V-4177-2025
Impreso en España

No se permite la reproducción total o parcial de este libro, ni su incorporación a un sistema informático, ni su transmisión en cualquier forma o por cualquier medio, sea este electrónico, mecánico, por fotocopia, por grabación u otros métodos, sin el permiso previo y por escrito del editor. La infracción de los derechos mencionados puede ser constitutiva de delito contra la propiedad intelectual (Arts. 270 y siguientes del Código Penal). Las solicitudes para la obtención de dicha autorización total o parcial deben dirigirse a CEDRO (Centro Español de Derechos Reprográficos).

KALOSINI, S. L.
Grupo editorial olélibros
equipo@olelibros.com
www.olelibros.com

A mi padre, a Ana y a toda mi familia,
aunque no supieran de la existencia de este libro.
Que estas páginas les revelen un poco de mí.

A mis amigas, por estar y apoyarme siempre.

A Laura, por creer en mí desde el primer momento y ayudarme a
alcanzar todos mis sueños. ¡Os quiero!

Y, en especial, a la memoria de mi madre, cuyo amor trasciende
la distancia y el tiempo. Mi guía, mi luz, mi faro...
¡Te llevo siempre conmigo, mamá!

PRÓLOGO

María es AMOR.
Es SENSIBILIDAD. Es PASIÓN.
Este libro es fruto de una historia de vida, de circunstancias y experiencias que van forjando la esencia de una persona.
Si estás leyendo esto, te invito a sumergirte en las letras y en cada emoción vivida, representada a través de palabras.
Porque en ellas vas a poder descubrir, sentir, vivir, llorar, sonreír...
A lo largo de cada una de estas páginas encontrarás esos matices que nos hacen human@s. Historias que hablan de encuentros y desencuentros, de luces y sombras, de alegrías y tristezas. Todas y cada una de ellas necesarias para poder crecer, madurar y llegar a comprender que en eso consiste la vida,en aprender a aceptar nuestras circunstancias, en aprender a bailar bajo la lluvia.
Me siento afortunada de poder escribir estas líneas. MARÍA es especial, para mí (por supuesto) y para cualquier persona que tenga la suerte de cruzarse en su camino.
Y estoy segura de que después de leer este libro vas a poder entenderme.
Porque cuando una persona escribe con el CORAZÓN, sus palabras se convierten en POESÍA.
Así que aquí empieza el camino. Abre todos tus sentidos para poder apreciar cada emoción, cada sentimiento, cada pensamiento, y déjate llevar por losrelatos que, de una manera u otra, también podrían ser tuyos.

GRACIAS, María, por abrirnos las puertas, invitarnos a entrar, mostrarte valiente y maravillosamente vulnerable, y descubrirnos TU ESENCIA.

¡Te adoro, mi pequeñaja!

Sandra Barceló

I.

En la vida, vas tomando decisiones que, aunque no siempre son fáciles, te obligan a ser consecuente con tus actos. A veces cometes errores, tropiezas con la misma piedra y, por momentos, sientes que te encuentras al borde de un abismo. Cierras los ojos y empiezas a sentir cómo el viento roza tus mejillas, abres los brazos, coges aire y, en ese preciso momento, desaparece toda preocupación, desaparecen los miedos que te impedían avanzar, vuelve la calma. Te sientes más vivo que nunca, tienes esa sensación de libertad que recorre cada centímetro de tu cuerpo.

Abres los ojos con fuerza, con ganas, y estás listo para seguir tomando decisiones, aunque no sean las mejores.

Listo para empezar de nuevo.

2.

Siempre nos han dicho que todo esfuerzo tiene su recompensa, pero si te paras a pensar detenidamente, puedes llegar a la conclusión de que eso no sucede así, que hay personas que por X o por Y, no tienen recompensa, que se esfuerzan día tras día sin obtener nada a cambio.

Y ¿qué sucede cuando eso se prolonga durante algún tiempo?

Empiezas a mantener una lucha constante entre cabeza y corazón, entre seguir o desistir, y esa lucha interior te acaba consumiendo. Llega un día que rompes a llorar con la más mínima tontería —aunque, quizás, para ti ya no sea tan tontería—. Detalle tras detalle, la mínima tontería deja de ser mínima, o peor: deja de ser tontería.

Es triste ver a una persona perder la ilusión, perder las ganas, perder la razón preguntándose por qué, preguntándose cómo debe hacer frente a esa (ya duradera) situación. Ver y/o sentir que, haga lo que haga, todo seguirá igual. Es triste ver llorar a alguien de rabia, de impotencia, de querer y no poder. De saber que su esfuerzo no tiene recompensa.

Y duele. Pero sin duda, lo mejor, es que esas personas se siguen levantando cada día con una pequeña esperanza de tener su recompensa. Siguen luchando día tras día, y aunque estén rotos por dentro, te seguirán mostrando la misma sonrisa de siempre.

O, todavía, una mayor.

3.

Viendo fotos de hace un tiempo, te pones a recordar las fiestas, las lágrimas, las risas, los viajes y todos los momentos que has vivido con ciertas personas durante muchos años. Te haces consciente de que hoy en día todo ha cambiado; y te da pena, rabia, e impotencia, porque creías y pensabas que esa persona iba a estar contigo en cada momento de tu vida.

Claro está que las personas van y vienen, que no siempre depende de ti mantener a alguien en tu vida. Que yo quería, pero tú me demostraste lo contrario.

4.

Hace tiempo entendí que la vida te quita y te da. Está claro que las cosas que te da no reemplazan a todo aquello que te quita, ni pueden llenar el vacío que dejan dentro de ti, pero ayudan a que todo sea mejor.

Con el tiempo te acostumbras a las situaciones que la vida te pone delante, buenas o malas; es cuestión de acostumbrarse.

El destrozo más grande de mi vida fue perder a mi madre, ser consciente de ello, y la enseñanza más dura ha sido aprender a crecer y a vivir sin ella. Sé que ese hecho me ha marcado de por vida, que vivir esa situación me ha convertido en la persona que soy ahora. El querer seguir sus pasos, querer ser como ella, e intentar demostrar al mundo que la vida merece la pena —o la alegría—, independientemente de cuál sea la adversidad a la que te someta.

5.

Me gustaría arriesgar(me) y no perder(te). Aunque es poca la confianza, es poca la amistad, y es poco lo que sé de ti, es suficiente para no querer que se acabe. Por la vida que das y las penas que quitas, por lo que vales y por como eres.

No puedo ofrecer(te) mucho: unas cervezas, unas risas, escuchar(te), abrazar(te)... Puede ser poco, o mucho, según se mire; según quién lo mire.

No prometo nada, pero ahora, me apetece todo.

6.

A veces suceden cosas que no entendemos, cosas que nos hacen pensar, nos hacen sentir, cosas que te hacen abrir los ojos, o cerrarlos y sonreír. Dicen que todo lo que pasa ocurre por una razón. Con todo lo que ha pasado hoy, lo mejor, sin duda, ha sido verte. Situaciones así te hacen recapacitar, valorar los pequeños detalles —algo que a veces se nos olvida—, y la vida, señores, la vida son los pequeños detalles.

Vida es mirarte y verte sonreír, es ver más allá de tu piel, es cerrar los ojos y escuchar tu voz. O no. Quizás la vida sea mucho menos que eso. Quizá solo sea tenerte cerca.

7.

De aquí a allá solo hay un suspiro, una bocanada de aire que infla mis pulmones para, en un segundo, dejarlos completamente vacíos.

Esa bocanada de aire que, sin querer, provocas cuando miras, cuando hablas, cuando pasas, cuando ríes. Ese segundo que cambia todo. Aire que mantiene llenos de vida mis pulmones. Y los de todos los que están a su alrededor.

E(re)s aire fresco, limpio y puro.

Ese último suspiro, de vida.

8.

Hoy me apetecía tanto verte que he tenido que cerrar los ojos para imaginarte. Mientras lo hacía, he podido ver esa sonrisa dibujada en tu cara; he sonreído. En ese instante, mis ganas de verte aumentaban, y tú tan radiante como siempre, tan llena de felicidad, de esa inmensa felicidad que rebosa en tu ser. Sin duda, ese ha sido el mejor momento del día.

Tú no eres consciente de ello, y yo no lo he sido hasta ahora.

Ahora solo quiero dormir, y soñar. Contigo, tan llena de felicidad.

9.

¿Sabías que los grandes días se producen cuando nos fijamos más en los pequeños detalles?

Últimamente yo no soy capaz de apreciarlos, solo veo las cosas grandes, las cosas que me agobian y me provocan ansiedad. Por eso simplemente son días normales.

Esos días en los que levantarse de la cama es hacer un esfuerzo desmesurado y, entonces, leo un simple mensaje tuyo diciendo cualquier cosa sin importancia, y sonrío. Suspiro. Y me levanto con fuerza.

Con la esperanza de verte algún minuto del día.

Es raro lo que siento, ni yo misma lo sé, pero qué jodidas ganas de disfrutarte. Y regalarte mi tiempo.

10.

Esta noche cuando me he metido en la cama, he recordado el día que estuviste aquí en mi casa y te presté mi cama para que durmieras en ella. Me gustaría que ahora estuvieras aquí, encima de ella, mirando al techo o a la nada, qué más da; mirarte, hablarte, reírme contigo. Que con un poco de suerte tu perfume se quede impregnado en las sábanas y permanezca en ellas durante algunos días, o varias noches.

Y cerrar los ojos.

Inspirar, expirar.

Respirar.

Tomando conciencia del cuerpo, notando cómo se hinchan de aire los pulmones, sintiendo cómo tu olor atraviesa cada uno de los órganos internos de mi cuerpo.

Y así, sentirte aquí.

Cerca.

A ti.

II.

Las palabras se me agolpan en la cabeza, es un ir y venir durante todo el día con alguna excepción, claro.

Conforme pasa el tiempo y nos hacemos mayores, las decisiones que debemos ir tomando se vuelven más complejas. Ahora bien, ¿nos complicamos nosotros mismos y todo es más sencillo de lo que parece? O realmente, ¿es complicado de por sí? Normalmente, creo que tendríamos que hacer caso a las sensaciones, pero cuando las sensaciones son contradictorias, ¿qué hacemos?

Tienes dos opciones: ambas las sientes, ambas te apetecen, ambas te gustarían que pasasen, ambas esperas que ocurran, pero son totalmente incompatibles.

Entonces, ¿qué haces? ¿Dejas pasar el tiempo y esperas, o te arriesgas? Tampoco sabes a qué arriesgarte; entonces esperas, y mientras esperas te consumes. Así van pasando los días, el tiempo no espera a nadie, y no lo va a hacer por ti.

Siente, piensa y decide.

12.

Qué bonito es estar tumbada en la cama y escuchar de fondo cómo caen las gotas de lluvia; cerrar los ojos —todo a oscuras, en silencio— y sentir cómo impactan esas pequeñas gotas.

Qué bonito sería que estuvieras aquí, en el pequeño mundo de las cuatro paredes de mi habitación, a oscuras y en silencio; abrazándote y sintiendo tu respiración, mientras escuchamos llover. Qué bonita la tormenta, perfecta. Qué bonita esa lluvia que cae y limpia.

Qué bonito privilegio sería poder hacerlo, y no hablo de escuchar llover.

Qué bonita la lluvia y escucharla caer.

Tenerte en mi cama, abrazarte, y sentir tu respiración.

Hablo de ti.

Qué bonita, tú.

13.

Escribir(te) me ayuda a expresar(te) mis sentimientos. Aunque lo más probable es que no llegues a leerlos, aquí puedo decir(te) que quiero saber de ti, quiero hablar contigo, y tener la oportunidad de hacerte reír.

¿Cómo se echa de menos algo que no se ha tenido? No lo entiendo. Pero echo de menos tus palabras, tus tonterías, y poder verte.

Me gustaría tanto echarle valor y decírtelo, que a veces me digo: «hasta aquí, voy a hacerlo», pero luego me entra el miedo.

Te preguntarás: ¿miedo? Sí, miedo.

Me acojona tu reacción, me acojona pasar de disfrutar poco de ti a disfrutar nada, me acojona tener que poner tierra de por medio. Me acojonan tantas cosas que, hoy, no estoy dispuesta a arriesgar(me) para perder(te).

14.

La vida siempre te va a poner obstáculos.

Las personas nos diferenciamos, entre otras cosas, en la forma de afrontar esos obstáculos. Eres una persona fuerte, una persona valiente, capaz de superar cualquier cosa.

Nunca es fácil, pero al final conseguirás hacer de esto un aprendizaje, conseguirás hacerte más fuerte, sonreirás. Y lo harás porque te lo mereces, y porque todas las personas que tienes al lado harán lo imposible porque eso sea así.

Me incluyo.

Aún en la distancia, sigo intentándolo.

Llora, coge aire, respira. Sonríe.

15.

Hay historias que te hacen recordar momentos que hacía mucho tiempo que no tenías tan presentes, momentos difíciles que por desgracia marcan tu vida. Momentos que son ley de vida.

Las estrellas siempre son mis confidentes porque sé que en ellas están las personas que una vez estuvieron en mi vida, convirtiéndose en los seres más importantes para mí, y que nos dejaron. Ahora forman parte de mi ser.

Desde mi alma guían cada decisión que tomo, cada motivo, cada victoria, cada derrota; sé que me hacen fuerte.

Con el tiempo, empiezas a olvidarte de los pequeños detalles como su voz, su mirada. Te acostumbras a vivir con su ausencia, porque la vida no espera a nadie. Siempre vas a tener momentos de bajón. Volver a escuchar todas las canciones que te hacen recordar —y llorar— te pondrá la piel de gallina, te contará historias, te hará preguntas sobre qué pasó. Pero, al final, te acostumbras a todo eso. De una forma u otra, sigues viviendo.

Y lloras. Ríes. Pero también vives.

16.

A veces, para ayudar, la mejor forma es callar, dar espacio y no decir nada. A veces simplemente debes esperar. Sientes dentro de ti que todo se va a enfriar y no quieres. Pero no puedes hacer mucho más. Quizá lo más inteligente sea dejar pasar unos días, apoyar en la distancia y seguir pensando en la forma de conseguir que sonría. Aunque aquí sigo pensando mil cosas que podría decir para sacarle una sonrisa... aquí sigo, sin decir nada.

17.

Perdóname.

Perdóname por escribirte, perdóname por preguntarte, perdóname por querer saber de ti, perdóname por preocuparme por ti, perdóname por no entender nada, perdóname por querer apoyarte, perdóname por querer seguir hablando contigo, perdóname por querer tenerte cerca, perdóname por querer verte y sentirte, perdóname por no querer que se acabe, perdóname por confiar en ti, perdóname por no pensar que esto solo ha sido un juego para ti, perdóname por querer arriesgarme contigo, perdóname por ilusionarme, perdóname por cada palabra que he pronunciado, perdóname por creerme todo, perdóname por sentir que eres importante para mí, perdóname por si he podido agobiarte, perdóname por intentar conseguir que sonrías, perdóname por incomodarte, perdóname.

Perdóname por todo.

Pero no me ignores. Por favor, no lo hagas, no me decepciones. Dame un motivo, una razón, dame algo. Y me alejo. Te dejo tranquila.

¿Eso es lo que quieres?, ¿qué me aleje?, ¿que nos perdamos? Pues duele.

Pero duele más no tener respuestas, duele más estar dando vueltas a la cabeza y no saber, ni entender nada.

Duele, y mucho.

Pero perdóname.

18.

La vida te quita, mucho. Demasiado. Pero también te da. El problema es que, muchas veces, no somos conscientes de todo lo que nos brinda.

Silencio, cierra los ojos. Silencio, escucha. Silencio, abre los ojos. Silencio, mira a tu alrededor. Silencio, recuerda los pequeños detalles que has vivido hoy.

¿Te acuerdas?

Silencio, respira.

Silen... ¡Qué coño!

(SON)RÍE.

19.

Es triste que en pleno siglo XXI todavía exista gente que juegue con los sentimientos de la gente. Muy triste.

¿Es necesario?

La verdad ya duele bastante como para ir creando falsas ilusiones.

Parece ser que hoy en día no es suficiente con ser sinceros.

¿Es necesario?

Esa persona, con una vez, tiene bastante. Con una vez ya se repite en su cabeza lo suficiente como para, encima, sentir que ha sido un simple juego.

La verdad se entiende, se acepta; o no. Pero duele una vez.

La mentira, ni se entiende, ni se acepta. Y eso, señores, no deja de doler.

20.

Gracias.

Gracias por hacerme daño, gracias por mentirme, por crearme ilusiones y destrozarlas en un segundo, gracias por jugar conmigo, gracias por ignorarme. Gracias porque, aunque todo eso hoy me duele, mañana me hará mucho más fuerte.

21.

Un texto bonito, una palabra, y de la noche a la mañana todo cambia. Muchas preguntas, pero ni una respuesta.

22.

El silencio, a veces, mata.

Si sentías todo lo que decías, ¿por qué ahora no dices nada?

No sé qué ha pasado, no sé qué he hecho para no recibir ni una respuesta.

Te echo de menos.

23.

Hay días en los que no te levantarías de la cama. Otros en los que te comerías el mundo. Hay días y días. Pero hasta en los peores, encontrarás algo que valdrá la pena haber vivido; una mirada, una sonrisa, cualquier viaje tonto a ningún sitio, un mensaje, una llamada inesperada, un plan imperfecto, una locura, un abrazo...

Pequeños detalles que alegran.

Pequeños detalles que dan vida.

24.

El tiempo corre.
   Vuela.
   Se esfuma.
   Pero la esencia de cada uno es lo que permanece. Siempre. En el corazón de todas aquellas personas que han tenido o tienen la suerte de conocerte.

25.

¿Cómo es posible echar de menos algo que nunca has tenido?
No sé cómo, pero es posible.

Es mi pan de cada día desde hace poco más de una semana. La vida sigue, sí, pero aquí sigo yo, escribiendo(te) cada noche.

Intentando encontrar respuestas a todas las preguntas. Intentando no pensar en ti. Intentando convencerme de que era imposible tener sentimientos hacia ti, sin apenas conocerte. Intentando pasar página y olvidar(te).

El problema es que no quiero. El problema es que, al no entender nada, no quiero hacerlo y que, además, los sentimientos eran reales. Y lo peor, es que todavía los tengo.

26.

Te lo habría dado todo.

Sí, a ti. A esa chica desconocida a la que me decía que no quería y no podía perderme. A esa chica que decía ser cariñosa, y realmente era fría. Tal vez fría porque lo que decía que sentía en realidad no era así.

Quién sabe.

Tú lo sabes.

Yo, ni lo sé, ni lo entiendo.

27.

La playa. El mar. El reflejo de la luna en el agua. En tus ojos.

La brisa. Una toalla en la arena. Tú y yo, sentadas, abrazadas. Cerrar los ojos y escuchar como rompen las olas.

Tumbarnos a ver las estrellas, y mirarte. Que se escape una sonrisa, tuya, mía. De las dos. Acariciarte el pelo. Besarte. Y detener el tiempo en ese momento.

28.

Dicen que tu persona es esa de la que te acuerdas cuando estás con tus amigas pasándotelo bien, que no sirve el hecho de acordarte solamente cuando estás sola en casa.

A mí me gustaría ser esa persona, esa que la recuerdas y simplemente sonríes.

29.

No existe la persona perfecta, es algo imposible; pero para mí eres lo más parecido a la perfección.

30.

Disfruta, porque cada segundo cuenta, porque el tiempo pasa y no espera. Disfruta, porque te lo mereces, por toda la vida que das.

Disfruta, porque sí.

Sin más.

31.

Estaba paseando y pensando en ti, pensando en que ojalá vengas pronto y pueda enseñarte la ciudad cogida de tu mano; enseñarte los lugares más bonitos y besarte en cada uno de ellos. Que tu sonrisa ilumine cada centímetro. Que sonrías a centímetros de mi boca.

32.

Cuando hemos llegado a la cima, estaba ahí, de pie, observando el paisaje y pensando en ti. Solo quería hacer la ruta contigo, enseñarte cada rincón de la montaña. Y al llegar a la cima, cogerte de la mano, mirarte. Gritar un te quiero sincero, abrazarte y comerte a besos.

33.

No te culpo, no tenías por qué hacerlo. Probablemente pensaste que jamás ibas a verme, que gracias a la distancia no tenías por qué darme explicaciones; quizás eso era lo más cómodo o sencillo para ti. Pero te doy un consejo. Hay personas, como yo, que tenemos sentimientos, e ignorarnos no es la solución. Por eso mismo, aunque sea más cómodo, más sencillo, o como quiera que lo pienses: respeta.

Respeta a la persona.

Ignorar, o mentir, solo te va a servir para quedar mal tú como persona.

34.

Con el tiempo el dolor deja de ser tan intenso y, evidentemente, tendrás momentos de tristeza, pero pasan. No dejes que nadie te diga que no llores por eso. Debes llorar las veces que sea necesario, soltar todo lo que llevas dentro; el dolor y la rabia. Pero cuando termines de llorar, límpiate las lágrimas de la cara y sonríe, porque es el gesto más bonito que puedes tener contigo misma y porque te mereces sonreír.

35.

Y tú, ¿qué clase de persona eres?

¿De las que valoran más las miradas, las caricias, los abrazos...?

¿O de las que se quedan con las palabras?

Si te quedas con las palabras, recuerda que a ellas se las lleva el viento.

36.

Tienes el don de hacerme sonreír con nada, con cualquier tontería. Pero lo que no sabes es que yo haría cualquier cosa por verte sonreír a ti.

Dejé que te alejaras. No porque yo quisiera, sino porque en ese momento era lo que tú necesitabas.

Y aunque te alejaras.

Aunque seamos menos, tú, para mí, siempre serás más.

37.

Increíble.

Es increíble cómo, sin verte, sin conocerte, has provocado tantos sentimientos en mí.

Es increíble, y no puedo comprenderlo.

Quizá no eras para mí, aunque quería, por lo menos, una oportunidad.

Es increíble, pero lo peor es que sigo queriendo tenerla.

Es increíble, y no hay forma de entenderlo, pero es así.

38.

Cuando todo va tan bien y de repente tan mal, piensas en qué ha podido ocurrir.

Te preguntas sin obtener respuesta.

Lo que antes eran ganas, ahora son excusas. Y qué pena.

Me faltan excusas y me sobran ganas.

39.

Cómo me gustaría abrazarte. De esos abrazos en los que cierras los ojos, en los que abrazas —o te abrazan— tan fuerte que no sabes si te rompen, te reconstruyen, o las dos cosas al mismo tiempo.

40.

Me has roto.
   Ahora ven.
   Abrázame.
   Reconstrúyeme.
   Hasta que me vuelvas a romper.

41.

Final o principio.

Todo depende de cómo lo mire cada persona. Aquí sentada en el fin del mundo para muchos, Finisterre. Observando el mar en calma, escuchando el sonido de las olas, sintiendo la brisa fresca en la cara, oliendo a mar, y a tierra. Todo en un pequeño gran rincón que nos regala el mundo.

¿Final o principio?

La nostalgia que produce un final sea el que sea, triste o alegre, sigue siendo un final. En cambio, los principios llenan de curiosidad, de interés, llenan de emoción, de actitud.

El fin del mundo.

O el principio del mundo.

42.

Llegaste y te conocí. Hablamos, y me hacías sonreír. Sin nada, con todo. Una sonrisa tuya sacaba una mía. Hacía mucho tiempo que no era capaz de ver una sonrisa preciosa. La tuya. Bonita. Tú, y tu sonrisa.

Qué bueno conocerte. Y que buenísimo escucharte reír.

Atención captada.

No significa nada, pero a la vez significa mucho.

Sábado noche. De cena, de fiesta, en buena compañía, de charlas interesantes, sábado completo. Salimos, hablamos, reímos. Ganas. Y mucha gente, pero realmente solo estabas tú.

Y yo.

Y más ganas.

Un beso.

43.

Poco se habla de tu mirada.
   (Me) Inquieta, (me) gusta, (me) atrae.
   Sincera.
   Bonita.
   Curiosa.

44.

Donde todo acaba, o donde todo empieza. Un lugar maravilloso, una experiencia espectacular, una compañía increíble. Los cuatro elementos más básicos de la naturaleza unidos en el mismo sitio, en el mismo momento.

Agua. Tierra. Viento. Y tú.

Fuego.

Finisterre, el lugar más bonito del mundo que he visto, contigo.

45.

Y tal vez, solo tal vez, deseaba que ese beso hubiera llegado un poco antes, o un poco después, o antes y después.

Yo qué sé... El tiempo, la vida, el momento, las ganas.

Tal vez.

46.

Que sí, que las palabras se las lleva el viento. Que el dolor nos hace sentir vivos. Que hay personas que te hacen daño, queriendo o sin querer. Que el tiempo pasa.

Que sí, que los hechos hablan por sí solos. Que la risa da vida. Que hay personas que son casa. Que la vida sigue.

Que sí.

Pero hay que seguirla. Disfrutarla. Y vivirla también.

47.

A veces solo quiero volver.

Sí.

Volver a ese instante antes de que te fueras, ese instante que cambió mi vida para siempre.

Volver, pero no para retenerte, sino para quedarme contigo.

Volver para quizá dejarte ir, pero de otra forma.

48.

Cerrar los ojos e imaginar tu sonrisa. Tan radiante como siempre, tan pura, tan limpia.

Una sonrisa sincera, y tan llena de vida que conseguía cambiar el estado anímico de toda la gente que tenía alrededor.

49.

Mirarle a los ojos era viajar a través de su alma, observar cada espacio de su ser. Y anidar en su interior.

Mirar con sus ojos era ver la oportunidad de hacer feliz a decenas de personas.

Su mirada permanece grabada en la retina de todas aquellas personas que tuvieron la suerte de conocerla. Pero, sobre todo, su mirada está grabada en mi retina, en mi memoria y en mi corazón.

Porque ella vive en mí.

50.

Y eso era lo que quería ver el resto de mi vida.
Sus ojos color océano.

51.

Yo deseando escribirte.
    Tú deseando que te escriba.
    Ella deseando que sea una pesadilla.
    Nosotras sin decir nada.
    Vosotras en la misma rutina.

52.

Buscaría una excusa para hablarte, pero las excusas son para los cobardes.

Aunque si fuera valiente te diría todo lo que me callo.

53.

Dijiste que me querías, que sentías todo lo que decías, que para ti no era un juego, y aposté. Arriesgué cabeza y corazón. No era un juego, decías, pero en el fondo sabía que sí. Y en un abrir y cerrar de ojos fui el caballo perdedor.
Era tu juego. Y yo tenía todas las de perder.
Y perdí.
Aunque con el tiempo perdiste tú más que yo.

54.

En el aire.

Estoy a no sé cuántos mil kilómetros de altura, mirando por la ventanilla del avión, alejándome de ti y, sin quererlo, se me escapa alguna lágrima; era inevitable. En este viaje me hubiera gustado conocerte, y verte. Quizá el destino, o las circunstancias, tenía que ser así, y aunque estoy mejor me sigue doliendo y no entiendo por qué.

Aunque no te he visto, aunque no te conozca, te voy a echar de menos; voy a echar de menos estar cerca de ti. Aunque al mismo tiempo seguía estando tan lejos...

Espero tener en algún momento la oportunidad de verte y conocerte, ya sea en Portugal, en Valencia o en cualquier otra parte del mundo.

Hasta pronto.

Hasta siempre.

Más me echaba de menos a mí.

55.

Estar perdido implica tener que buscar salidas, nuevas oportunidades, o seguir luchando por las mismas si eso es lo que quieres.

Estar perdido durante tanto tiempo te hace plantearte las cosas, parar(te), coger aire y pensar si realmente estás en la dirección correcta. Todo eso te ayuda a ser más fuerte, a saber, lo que quieres —o no— en tu vida. Pero hay veces que no puedes ser fuerte, y hay veces que no puedes evitar que se derrame alguna lágrima en tu cara. A veces estás perdido, sin rumbo, sin ganas, sin sueños, sin ilusión. A veces te invade un estado de abatimiento que se adueña de tu ser.

El problema es que ahora mismo quiero y no encuentro la forma de salir, aunque esté perdida, sin rumbo, sin ganas, sin sueños, sin ilusión.

Abatida.

Seguiré tratando de encontrarme. Porque los momentos difíciles son necesarios e inevitables.

56.

Incierto.

Si todo es incierto, si no sabemos qué va a suceder mañana, ¿por qué nos preocupamos tanto? ¿Por qué le damos tantas y tantas vueltas a cosas que en este mismo instante no están en nuestras manos?

Incluso esos pequeños detalles son inciertos y se nos escapan entre los dedos. A pesar de ello, a pesar de no poder controlarlo nos seguimos preocupando. Puede ser que sea por el hecho de no tener la situación controlada en el futuro, el no saber qué pasará, si estaré aquí, o estaré allá... Pero sí. Hay cosas que se nos escapan porque, en vez de preocuparnos tanto, no somos capaces de aprovechar el momento; agarrarlo con fuerza, exprimirlo y disfrutarlo.

¿Por qué no somos capaces de ello?

Hoy es ahora, es aquí, es este momento. Mañana es después, es futuro, es incierto. Por eso prefiero no pensar en el futuro, vivir el ahora, el hoy, el momento. Y tengo ganas de ti, de este momento. Contigo.

57.

Por fin me voy. Estos días, antes de irme y dejarlo todo, están siendo raros. Tengo sentimientos encontrados.

Me voy a casi 1.000 kilómetros de distancia, de ti. Tengo una sensación extraña.

Me voy y solo pienso en los meses que estaré sin verte, sin mirarte a los ojos ni ver tu sonrisa. Sin pensar que eres el desastre más bonito del mundo, sin pensar que tu locura llena mis días de alegría; mentira: lo seguiré pensando todos los días.

Me voy y tú ya lo sabes.

Espérame. Arriésgate. Vente conmigo. Échale valor.

Me voy porque la vida son dos días y necesito estar lejos durante uno, pero, aunque por fin me vaya, una parte de mí siempre permanecerá aquí. Estaré contigo.

Volveré.

58.

A veces las cosas no salen como esperamos. A veces lo buscamos tanto que no encontramos nada. Sigue sin llegar eso que tanto quieres, deseas, y mereces. Quieres desistir.

Aguantas en silencio, aumentan las ganas de tirar la toalla, pero ahí sigues, de pie o de rodillas; qué más da. Luchas y te mantienes porque dentro de ti sabes que es algo pasajero. Que tarde o temprano llegará. Y llegarás dónde tú quieras. Mientras tanto, sigue tratando de avanzar: hazte fuerte, mejora en todo lo que puedas, sé constante. Llora, sonríe, pero sigue.

59.

Quería confesarte lo mucho que me gusta mirarte, en todos los momentos que hasta ahora he podido disfrutar de tu compañía. Tenerte al lado haciendo cualquier mísera tontería y querer mirarte, querer mirar tu sonrisa, y sobre todo querer mirarte a los ojos. Querer mirar esa mirada que, aunque no lo creas, transmite mucho.

Siempre me han dicho que los ojos son el espejo del alma; y sí, eso es cierto, tienes un alma preciosa.

Nunca pensé que estaría escribiéndote nada, ni siquiera cuando te vi la primera vez ese día en el que te conocí. Probablemente esto sea tan relevante como irrelevante al mismo tiempo, no sé, quién sabe. Hacía muchos días —incluso semanas— que intentaba escribir y no salía nada, hasta que ha salido esto. No trato de hacerlo bonito, sino de dejar huella de mis pensamientos y sensaciones; plasmar con palabras lo que recogen mis cinco sentidos. Porque el sexto, a veces, se equivoca. Y yo solo quiero que sea.

En la vista, la vergüenza al mirarte, al cruzar la mirada; no saber si dejarla o quitarla. Además, la luz que transmiten tus ojos se graba en la retina de los míos. Ambos se automatizan.

En el olfato, el aroma que desprende tu piel, dulce. Se respira la felicidad.

En el oído se recoge el sonido de tu risa, que hace vibrar el tímpano y el corazón. Tu risa nerviosa, tus carcajadas atraviesan todo el conducto auditivo haciendo música para mis oídos.

En el tacto, las ganas y la impaciencia por rozarte, aunque sea sin querer, o los nervios de volver a verte. Se almacenan en cada poro de mi piel, que ansía la tuya.

Por último, el gusto. La dulce miel de tus labios.

Todos llegan a mí hablando de ti, se guardan en la memoria más superficial y profunda que habita en mí. Pero no sé si en algún momento tendré el valor suficiente para que leas esto, porque, aunque soy del tipo de personas que siempre dicen lo que sienten, lo que piensan o lo que creen, no estoy dispuesta a perder todo lo que acabo de escribirte. Aunque sean pequeños detalles, me niego. Tal vez, si lo lees, lo pierda. Y no quiero.

60.

En el momento que estás totalmente hundida y sientes que estás tocando fondo, es cuando más fuerza tienes que sacar; la tienes. Levántate de la cama y échale valor al día a día, a la vida. Siempre hay algo por lo que merece la pena hacerlo. Quizá no te des cuenta ni hoy ni mañana. Ese algo existe. Igual tardas meses o años en descubrirlo. Pero si no te levantas hoy, no te darás la oportunidad de vivirlo.

61.

A 596 metros sobre el nivel del mar. Observando el paisaje, dos personas en la oscuridad. El frío y el viento dejándose notar. La calma y el silencio alterados por la naturaleza. La furia del viento arrastrando tu risa. El reflejo de la luna sumado al destello de las luces lejanas. Cielo despejado. Un millón de estrellas formando las constelaciones más bonitas que podía(mos) ver aquella noche de octubre.

El reloj corriendo en nuestra contra. Los minutos pasando sin cesar, y yo solo queriendo detener el tiempo. Allí. Contigo. Fotografiar(te) (en) cada rincón de aquel lugar. Mirarte a escondidas. Levantar la cabeza, cerrar los ojos y pedir deseos sin ver ni una sola estrella fugaz. Imaginar. Soñar. Abrir los ojos, mirar el cielo estrellado, pensar en todos los misterios que este (nos) tiene guardados.

Aunque realmente el misterio que quiero descifrar todas las noches, son los lunares de tu espalda, no existe constelación más bonita que esa.

Ni la existirá.

62.

Trato de encontrar tus ojos entre el resto de la gente, buscando tu mirada a cualquier hora, en cualquier lugar. Solo dime que no te sucede igual, que no quieres verme, ni mirarme, que no piensas en mí. Trato de no mirarte cuando me miras, por nerviosismo, vergüenza o miedo, qué más da. Cuando dejes de mirarme, volveré a buscarla una vez más. Puede que sea un poco masoca, o quizá idiota, pero seguiré buscando tu mirada entre los ojos de la gente hasta encontrarla. Y sin que te des cuenta, en cada ratito que disfrute contigo.

Arriesgar para volver a perder. Perder y seguir sin aprender. En bucle.

63.

Llueve. El agua se filtra a través del suelo y se limpia el ambiente. Huele a tierra mojada. Camales y pies mojados.

Llueve. Y parece que la gente anda triste por las calles de la ciudad. Paraguas en mano, cabeza agachada y mirada inerte.

Llueve. Y no hay humor en la gente.

Excepto en ella. Camina con los pies mojados, sin paraguas y con la cabeza bien alta. Lleva el sol en su interior. Camina sonriente. La gente se pregunta, se extraña.

Y ella...

Ella camina sonriente.

64.

La guerra entre cabeza y corazón. Esa lucha constante que tenemos cada día, en cada decisión que tomamos o queremos tomar. Esa que alguna vez nos ha provocado tantos dolores de cabeza, y la que nos ha dejado temblando el corazón.

Eso que pocos exteriorizan.

A veces el deber, igual que el querer, no es suficiente. Tiene que existir una pequeña parte de ambas, porque no todo es blanco o negro, el gris existe. Solo hay que tomar tiempo para respirar, para calmarse. Ver las cosas desde otras perspectivas, tener clara toda la información que se posee, y solo entonces elegir con cabeza y con corazón. Porque no hay mayor error que no luchar por todo aquello que te eriza la piel, que se te queda grabado en los pensamientos y te acelera el corazón. Porque no todas las decisiones se rigen por lo correcto, ni todas por lo deseado. Y porque detrás de esa guerra interna hay miles de momentos, situaciones y personas esperando(te) para disfrutar(te), sentir(te) y emocionar(te) intensamente cada segundo de tu vida.

No esperes más y haz aquello que te haga vivir.

65.

Un día alguien sabio me dijo que una buena amistad no entiende de palabras, ni de tiempo, ni distancia.

Un día alguien sabio me dijo que una buena amistad se cuida, se valora y se respeta.

Ese día alguien sabio me explicó que ese sentimiento y esa complicidad es lo que permanece a lo largo de los años. Y que quien quiere estar, está, y estará pese a todo.

Y tú...
Qué bonita eres. Cuando hablas, cuando callas. Qué bonita estás. Cuando ríes, cuando abrazas. Tan bonita como esta amistad. La que empezó por casualidad, casi de un día para otro, sin buscarlo, sin pensarlo; sucedió y ya está. Qué bueno es tenerte. Siendo ese apoyo, ese pilar. Esa mano que te ayuda cuando sientes que no puedes más, ese hombro en el que reír, en el que llorar.

Tú, la que siempre está. Puedo decir que la suerte me acompaña desde hace muchos años ya. La fuerza y la alegría que das a mi vida jamás te la podré compensar, pero trataré de estar, a cada paso y en cada lugar. Porque eres suerte, pero sobre todo hogar.

De Galicia a Valencia. Y viceversa.

66.

Un metro de distancia y dos mochilas me separan de ti. Mirar al frente o al suelo para no mirarte a ti. Contar los segundos para tener que levantarme e irme a otro lugar. Pero el tiempo se hace eterno, una situación incómoda para mí. Mucha gente alrededor. Y mis ganas de mirarte a cada instante.

Un metro de distancia, dos mochilas de por medio, y mi mirada al frente no evitan que mi vista periférica te vea. Y veo cómo miras a todo y a nada. Te veo sentada en el banco. Te veo hablar y escuchar. Te veo, aunque no te veo. Y quiero verte, aunque no solo con la vista periférica —abarcando los 180 grados no nítidos—, sino con la vista central, esa que abarca apenas 30 grados, esa con la que observas, miras, enfocas...

En cambio, quisiera que tú, al menos, me vieras en esos 180 grados no nítidos.

67.

Magia es la capacidad que tienes para hacer sonreír a los demás, es el sentimiento que transmites por todo, es la esperanza en los días grises.

Magia es que creen en ti.

Es el esfuerzo y el sacrificio que haces en todas las actividades de tu vida, es la perseverancia que pones a las cosas, es la humildad que llevas de serie.

Magia es creer en ti.

Cree en ti porque eres fuerte, cree en ti porque eres valiente, cree en ti porque te lo mereces. Cree en ti porque para que el resto lo haga, primero debes hacerlo tú.

Cree en ti porque mágico no era el espejo, eras tú mirándote en él, repitiendo: tú puedes, tú quieres, tú eres capaz.

68.

Decido quedarme callada, seguir y alejarme; porque, aunque no sea lo que quiero, es lo correcto.

Te miro y me invaden un centenar de emociones. Te miro e imagino un millón de situaciones increíbles contigo. Te miro y sonrío. Te miro sin querer que me veas, pero quiero que me mires.

Atenta a una palabra, un gesto, una mirada, observo cada detalle, y me quedo callada porque es mejor no articular palabra.

Que mi boca no pronuncie ni una sola letra: significa que están todas en mi cabeza. Letras, palabras, frases que se acumulan. Todo aquello que diría mientras te miro, siento, sonrío y vivo. Pero no todo es hablar, y aún el silencio es mejor contigo. Y aún el silencio es incómodo sin ti. Y aún, en silencio, me digo: silencio. Porque el silencio no es más que miedo a tener que quedarme callada, miedo a perderte, o a perderme.

No sé.

69.

Llega el frío. Quiero tus (a)brazos de abrigo y rodearte con los míos, pero no quiero pedirlo. Quiero llegar y que pase solo con mirarte.

Y aunque a veces ni siquiera sé lo que quiero, y aunque a veces ni siquiera sepa el porqué de estas ganas, las tengo. Todo es un poco más cuesta arriba; pasan los días, te veo y no te veo. Pero te pienso, más de lo que debería. No encuentro razones ni motivos, pero ahí estás poniendo mi vida patas arriba. Y es que todos sabemos que el corazón tiene cosas que la razón no entiende, que puede que jamás entendamos. Puede que hasta la razón no entienda las razones, puede que yo tampoco entienda a mi corazón. Pero lo único que sé a ciencia cierta es que este silencio duele. Y que estas ganas matan.

70.

De Galicia a Cantabria, pasando por Asturias, horas interminables de autobús. Paseo por las calles de Santander sin dejar de mirarte mientras tienes un brote de hiperactividad, y yo no puedo evitar sonreír. Ni el resto. Demasiada gente, pero solo te veo a ti.

Llega la noche, me tumbo en la cama y me paro a pensar en lo cerca que estás, aunque a la vez estás muy lejos. Pienso en lo rápido que pasan las horas cuando estás, y en la sensación de no necesitar nada más.

Felicidad.

Pero me siento culpable por haber dejado que pasase esto; culpable por no tener la fuerza de voluntad de pasar página, sabiendo que tú no me puedes ver; por fijarme en cada detalle insignificante y sin sentido que sucede cuando estás presente.

71.

Una ruta por la montaña, un paseo por la orilla de la playa, observar la corriente del río, ver una lluvia de estrellas, andar sin rumbo o caminar bajo la lluvia. Un amanecer, un atardecer, estar con alguien en silencio y que no resulte incómodo. Contar lo que se te pasa por la cabeza sin necesidad de que lo entienda, porque ni tú misma lo entiendes. Pero eso es lo que necesitas: un momento de reflexión y (des)conexión; tomar un segundo para coger aire, respirar, cerrar los ojos. Que el grito de tu alma salga por tu boca con toda la fuerza que tienes. Que la rabia, la impotencia y las dudas se alejen todo lo posible de ti, que el eco de tu voz se convierta en una tormenta perfecta y haga vibrar el aire.

Tal vez una palabra sincera que devuelva la calma; una caricia en la cara, una palmadita en la espalda, un abrazo intenso, una pequeña sonrisa o una mirada cómplice.

72.

En algunos momentos del presente, tu cabeza retrocede al pasado; a situaciones en las que fuiste feliz, en las que estabas con alguien especial o con personas que te hacían, simplemente, estar viva. Pero a veces retrocede a esas situaciones dolorosas —esas que, aunque en el momento no lo sabías, ahora te das cuenta de todo lo que has aprendido— y ves a la persona en la que te has convertido gracias a ello. Incluso también a esas situaciones que no entendiste y que todavía no entiendes; situaciones que, en su momento, eran importantes para ti y te quitaban el sueño; esas que con el tiempo se fueron desvaneciendo, pero que, hoy en día, cuando miras atrás, vuelven a tu cabeza tratando de darles respuesta; esas que, aunque ya no son importantes ni te quitan el sueño, todavía no has encontrado el motivo para entenderlas. Tienes la necesidad de encontrarlo porque, a pesar de que ha pasado, sientes como si solamente hubieras pasado la cortina y ahora esté saliendo humo de ella, y ese recuerdo empieza a quemar de nuevo.

Puede que solamente debas entender que en la vida todo pasa por algo, pero no necesariamente tengas que saber la razón de por qué pasa. Puede que, aunque tengas mil teorías, ninguna sea la correcta. Puede que solamente sea algo que no tiene explicación. Puedes no llegar a conocer nunca el motivo, y tal vez, dentro de unos años, cuando vuelvas a mirar hacia atrás, entiendas que, gracias a eso, hoy estás donde debes, quieres y sientes que tienes que estar.

La vida tiene sus razones, aunque no siempre seamos capaces de verlas. Y el tiempo siempre te ayudará a aprender, a valorar.

73.

Que sigan pasando los días, las semanas, los meses, los años, y tú tan llena de vida como el primer día. Que pase la vida, y tú conmigo, a cada ratito.

Entendernos con una mirada, hablar sin decir nada. Escuchar mil historias diferentes, pero siempre con las mismas ganas. Rompernos y arreglarnos con un abrazo sabiendo que, por muy mal que estén las cosas, ahí está todo perfecto. Llorar de risa con la más mínima tontería. Reír cuando las lágrimas caigan por las mejillas. Entender que crecer es aprender; crecer aprendiendo a entendernos y aprender a entender la vida.

Que todo pase menos tú, menos yo, menos nosotras.

Que todo llegue contigo, conmigo, con nosotras.

Que tú seas siempre tú. Que yo sea siempre contigo. Que nosotras, siendo dos, seamos siempre una.

Que el tiempo nos ponga siempre en el lugar correcto y sepamos aprovechar cada momento.

Que la distancia nunca haga el olvido y siempre las ganas.

74.

Quiero encontrar una razón que me haga saltar al vacío. Algo que me dé la confianza suficiente como para abrirme en canal y la seguridad de mirar con los ojos cerrados. Quiero encontrar una razón para acelerar y no frenar. Algo que me haga perder el miedo a fallar, a crear, y a creer.

Aprender, por una vez, sin fallar.

Hay que recordar que la pasión está en el riesgo, que arriesgar es para los valientes, esos que, aún con miedo, siguen haciéndolo.

Quiero encontrar algo por lo que merezca la pena luchar, algo nuevo, diferente. Algo que me haga sentir viva, que llene y no vacíe, que sume y no reste.

75.

Poder acariciarte la piel, poder acariciarte el alma; entrar en tus planes, en tu vida, y ganarle la guerra a la distancia y a los celos, a base de confianza y ganas. Poder hacer, contigo, todo lo que nos propongamos.

Estar con quien quieres estar, con quien sientes que tienes que estar, con quien te mereces estar; que te valoren y sepas valorar.

Afrontar todo tipo de situaciones, librar duras batallas y terminar ilesos, llenos de lecciones aprendidas; terminar con fuerza y más sentimiento. Poner punto y seguido, o aparte, pero nunca punto final.

76.

Ojalá lo sientas en el fondo de tu corazón, fuerte como cada latido, constante. Sin palabras bonitas que se quedan en eso, en palabras, sino con hechos: esos pequeños detalles que hacen que nada sea todo. Ahí se encuentra la diferencia, esa que no todo el mundo aprecia ni valora.

Una palabra bonita se olvida en cuestión de días, pero un hecho bonito queda grabado en la retina y en la memoria. Son esas acciones las que alimentan nuestro ser. Nos llenan de nostalgia, y de felicidad.

Por eso te grabaré a fuego lento todo lo que siento, y ojalá lo sientas como lo siento, porque es la única forma que tengo de entenderlo. Porque cada hecho, cada detalle, cada gesto deja huella en la vida de alguien.

Por eso quiero dejar mi huella en tu pecho, porque lo siento.

77.

Cuando te asalten los miedos, yo estaré aquí. Y cuando te vengan las dudas, también. Siempre intentaré disipar de tu mente todo lo que no te haga bien, conseguiré sacarte sonrisas que te hagan entender que quiero dar contigo todos los pasos habidos y por haber. Y los obstáculos que te (nos) ponga la vida, poco a poco, los derrumbaré, porque seguir contigo el camino es lo que quiero hacer.

Y que por más tiempo que pase, por más distancia que haya entre nosotras y por mil vueltas que dé la vida, te encontraré.

78.

El miedo solo es un estado transitorio de la mente que nos impide realizar aquello que deseamos. No dejaré que el miedo me frene porque sé lo que merezco, porque la vida es más corta de lo que imaginamos y debemos arriesgar por todo aquello que sentimos, por todo aquello que nos hace temblar y sentirnos vivos. No dar vía libre a tus sentimientos es dejar que gane el miedo, es cohibir a tu corazón y a ti misma.

En tu vida perderás más cosas por miedo que por intentarlo, y realmente solo necesitas un segundo de valentía para hacer cualquier cosa.

La fuerza más poderosa que mueve el mundo es la pasión, son las ganas y la actitud que emplees en todo lo que hagas; así que sé humilde, actúa con sinceridad, con corazón y de corazón. Siente. Arriesga. Atrévete. Y recuerda, siempre, que eres más grande que el más grande de tus miedos.

79.

Solo se trata de dejarse llevar, encontrar algo, o a alguien, que te haga sonreír. Y cuando lo encuentres debes luchar cada día para conseguirlo y mantenerlo cerca, muy cerca. Muy pocas personas son capaces de emprender ese camino y acaban desistiendo. Si alguna vez piensas en desistir, recuerda la sensación de felicidad de ese algo, o de ese alguien. Por muy difíciles que sean las cosas recuerda el motivo por el cual empezaste a luchar, y que es lo que te hace sonreír pues la vida se trata de aprender, crecer y avanzar. Porque al final las mejores cosas son aquellas que te hacen sentir un millón de emociones distintas, y aunque no siempre sean del todo buenas no podrás explicar cuál de ellas es mejor.

Y que no siempre son cosas, que a veces son personas. Personas que te hacen sentir bien, que te hacen temblar, te hacen aprender, te hacen crecer y te ayudan a seguir, a avanzar. Déjate llevar por todo aquello que te haga sonreír, y que sin darte cuenta te eriza la piel. A ellas regálales tiempo y disfrútalas durante el camino.

80.

A veces no es necesario conocer a alguien para saber cómo es, porque el brillo de sus ojos, la mirada y la sonrisa reflejan lo que alberga en su interior. A veces no es necesario ver a alguien para sentirle cerca, para sentir que es especial. Pero hay veces que desearías verle para poder abrazarle, y que sienta tu apoyo más cerca; para poder decirle a centímetros lo importante que es, y demostrárselo con hechos. Y hay veces que la distancia es solo un pequeño obstáculo que las ganas son capaces de sortear; nunca debe ser una excusa, porque al final quien quiere, quien siente, lo podrá superar.

81.

Hay comportamientos que no soy capaz de entender, y puedo llegar a comprender muchas cosas. También entiendo que todos somos diferentes y que no todo el mundo actuaría como lo harías tú, pero, joder, no es tan difícil ir con la verdad por delante. Si lo sientes, lo sientes; y si no, pues no. Pero no crees ilusiones innecesarias si luego te vas a ir a la primera de cambio.

Hay gente que pierde su miedo a perder, y cuando lo consigue, vuelve a perder por personas cobardes que te llenan y te vacían tanto que te dejan rota. Una y otra vez. Al final, se aprende y una se hace más fuerte, pero también quema, y te pones una coraza innecesaria si la gente fuera más real.

82.

No sabes las veces que he cerrado los ojos y he imaginado ese preciso instante en el que te tenga delante. Ese instante en el que pueda mirarte a los ojos, teniéndolos a centímetros de los míos. Teniéndote a ti a pocos centímetros.

Ni te imaginas las veces que he soñado contigo, con poder abrazarte tan fuerte que no sepas si te romperé en mil pedazos o, al mismo tiempo, te reconstruiré. Porque a veces estás tan rota por dentro que caminas inerte entre la gente. Existes, pero no vives. Y por eso quiero ser la persona capaz de hacerte ver que la vida es mucho más sencilla. Que hacerte reír sea el pan nuestro de cada día. Que, si tienes que llorar, probablemente lloraré contigo. Después cogeremos aire para respirar. Volverás a caerte, y me caeré contigo si es necesario, pero nos levantaremos. Porque, por más piedras que haya en el camino, las saltaremos. Y si no podemos saltarlas, las bordearemos, aunque nos lleve más tiempo.

La cuestión es avanzar, es continuar el camino. Iré delante para derrotar los miedos, o detrás, para que oigas mi voz diciéndote que puedes conseguir cualquier cosa. Te lo gritaré a los cuatro vientos. Con un poquito de suerte, recorreremos juntos el camino.

Y al final, yo pintaré la historia, tú la escribirás. Y tal vez, solo tal vez, no haya final.

83.

Miraré tu corazón y el mundo entero a través de tus ojos. Acariciarás cada lugar con tus manos, pero te los enseñaré a través de las mías. Te abrazaré en cada rincón de Galicia, pero te abrazaría en cada rincón del mundo.

84.

Últimamente he sido una sombra de sueños rotos. Podría decir que había olvidado quién era, aunque nunca olvidé de dónde venía. Necesitaba tiempo y experiencias nuevas que me hicieran volver a ser la misma que era antes. Lo que no sabía entonces es que jamás lo lograría. Jamás volvería a ser quién era. Pero con el tiempo, con las decisiones y los actos, te das cuenta de que eso no es malo, que, aunque quieras volver a ser lo que eras, consciente o inconscientemente, evolucionas, cambias, te adaptas, empeoras o mejoras.

Necesitaba tiempo, y en él me he dado cuenta de que no quiero ser como antes. Que quiero ser una mejor versión de lo que era, un modelo nuevo, un ejemplo para las personas que me rodean. Estoy convencida de que poco a poco lo conseguiré, que cada día, sin darme cuenta, supero miedos que ni sabía que tenía. He recordado todo lo bueno y lo malo que me ha pasado. He tratado de coger lo mejor de cada momento, he tratado de aprender, y sobre todo de seguir. La vida es eso: continuar caminando, pararte a observar dónde estás, de dónde vienes y a dónde quieres llegar. La vida es un instante que pasa en un abrir y cerrar de ojos.

Volver a ser quien eras no te hará sentir mejor. Te sentirás mejor cuando estés tranquila contigo misma, cuando mires atrás y, aún con nostalgia o melancolía, sonrías. Realmente te sentirás mejor cuando consigas ser consciente de todo aquello que has superado, cuando mires alrededor y veas que las personas que están a tu lado son aquellas que te han valorado desde siempre, desde el primer minuto que las conociste. Porque en este tiempo de guerra interna, solo un acto de admirable lucha personal, de volver mentalmente sobre tus pasos, de ver, mirar y observar las huellas que has dejado en tu camino, y en el de otros, hará que te sientas en paz.

Y ahí serás otra versión de ti, otro modelo nuevo. El ejemplo que seguir.

85.

Solo espero que me digas que para ti el amor no es un 14 de febrero, que existen 364 días más para eso. Y 365 en año bisiesto. Dime que el amor es mucho más que un regalo bonito, o caro, porque tengo millones de abrazos para darte, mil secretos e historias que contarte, infinidad de lugares que recorrer contigo de la mano.

Necesito una vida entera para descifrar cada lunar de tu cuerpo, para descifrar tu cuerpo; piensa que en un solo día no puedo.

Que sí. Que es bonito recibir amor el 14 de febrero, pero es mucho mejor recibirlo y sentirlo todos los días del año. Un día disfrutado ya es un regalo, y todo un año es algo mágico.

Tengo tanto que enseñar(te) y tanto que aprender(te) que si la vida se (me) queda corta para hacerlo, imagínate un simple 14 de febrero.

86.

Si puedes creer en algo que no has visto nunca, ¿por qué no puedes creer en alguien que no has visto nunca?

Si confías en algo que no has visto nunca, ¿por qué no puedes confiar en alguien que no has visto nunca?

Si puedes ilusionarte con algo que no has visto nunca, ¿por qué no puedes ilusionarte con alguien que no has visto nunca?

A veces la distancia, la situación, o el momento no te permiten ver, oír, o tocar ese algo o a ese alguien, pero los sentimientos no entienden de distancias, ni de situaciones y menos aún de momentos.

La distancia se recorre, la situación se cambia, y los momentos se buscan hasta que se hace el oportuno.

Si la vida no te va a dar las cosas por tu cara bonita, debes entender que tampoco habrá nadie que lo haga. Pero debes confiar, creer e ilusionarte, porque no hay nadie más valiente ni más poderosa que tú. Sé libre. Quiere libre. Siente libre. Brilla con tu luz interior. Lucha con toda tu fuerza, piensa que tienes más de lo que te crees que tienes. Ve a por todo aquello que quieras. Y cuando lo sientas, dilo; hazlo. Aunque la respuesta no sea la que esperas. Hoy en día sentir algo especial, algo bonito y de verdad, escasea. Las personas, o la sociedad en general, buscan su bienestar sin tener en cuenta a nadie más; son egoístas, mentirosas y la falsedad, por desgracia, es lo único que abunda. No corrompas tu alma, ni tu ser siendo como son todas. Por favor, sé tú misma.

Siendo yo misma te diré que siento que te quiero, aunque sea poco el tiempo, mucha la distancia, y aunque nunca te haya visto.

87.

Los días pasan lento cuando esperas que llegue uno en concreto. Y sé que cuando llegue pasará muy rápido, probablemente en un abrir y cerrar de ojos. Pero también sé que cuando llegue disfrutaré cada segundo hasta exprimirlo al máximo. Porque no hay cosa que desee más que conocerte. O sí... mirarte, sentirte y abrazarte.

En ti he encontrado la motivación que perdí hace meses. Las ganas de levantarme cada mañana y sonreírle a la vida, al mundo. Pero mientras los días siguen pasando lento, cerraré los ojos para imaginarte. Te abrazaré y, con un poco de suerte, te podré robar un beso.

88.

Ojalá pudiera explicarte todo aquello que pasa por mi cabeza. Y ojalá poder estar dentro de la tuya.

Ojalá pudiera tenerte más cerca.

Ojalá pudiera entrar en tu corazón.

Ojalá nunca me abraces por última vez.

Ojalá, ojalá, ojalá...

Ojalá tantas cosas se hicieran realidad. Pero quién sabe. Al final el tiempo dirá. O tú dirás.

Qué miedo cuando callas, aunque lo será más cuando hables. Pero quién sabe.

Ojalá no quede todo en unos simples ojalá.

Ojalá se cumpla.

Ojalá.

89.

Siguen pasando los días sin saber de ti, y aunque duele, podría decir que me voy acostumbrando.

Sigues siendo mi primer pensamiento cuando me despierto. Apago la alarma del teléfono y miro en la pantalla de inicio si por fin me has escrito, pero nada. Relleno mi día haciendo cosas innecesarias, paso las horas manteniéndome ocupada para tener la mente a todo tren y tratar de no pensar en ti, pero a veces es inevitable. Llega la noche y entonces es cuando vienen a la cabeza algunas de nuestras conversaciones, cuando conseguí armarme de valor y explicarte lo importante y especial que eres para mí.

Y es, que, pensándolo bien, cuando no podía apostar por nada en mi vida aposté por ti; cuando nada tenía sentido, ni era lógico, ni justo; cuando todo en mi cabeza era confuso y estresante, llegaste y arriesgué.

Todo se desvaneció en mi mente y fue cuando empezó a sentirlo el corazón. Conseguías hacerme encontrar algo bueno en mis días cada vez que hablaba contigo y me sentía bien. Muy bien.

De pronto, todo cambió.

No consigo entender, no consigo asumir. Soy consciente de que todo cambia: las ideas, las decisiones, los sentimientos, las sensaciones, la vida... Pero recuerda que no solo cambia, que también pasa.

Ahora pasas tú, mañana pasará el tiempo, después pasaré yo. Y la vida.

90.

Duele estar lejos de ti y no saber cuándo podré volver a verte. Jamás podré explicarte con palabras todo lo que me haces sentir, pero los hechos hablan por sí solos. Cuando te miro se me eriza la piel, cuando me dices algo que no espero, tiemblo. Cuando te siento cerca de mí, se me acelera el corazón. Probablemente jamás entiendas el cómo ni el por qué pasó; tranquila, no lo entiendo ni yo. Pero pasaste, y pasó.

Quizá fue capricho del destino, o de la vida, cruzarte en mi camino. Quizás fueron los dos. Tal vez se aliaron para hacerme entender que todavía existen buenas personas en este mundo. Personas como tú, que luchan por conseguir sus sueños. Personas que son capaces de arriesgar por todo aquello que les hace sentir vivos. Aquellas que, con poco, o nada, lo dan todo. Inconformistas luchando por un mundo mejor. Constantes que no entienden de excusas, sino de fuerza para continuar pase lo que pase, le pese a quién le pese.

Quizá el destino, o la vida, quería enseñarme que el valor es una persona con ambición, con sacrificio y esfuerzo, una persona con valores. Con un alma sincera, transparente y limpia.

Un ser excepcional.

Un ejemplo para mí, para todos. Alguien necesario conocer en algún momento de tu vida. Alguien que, aunque todavía no sepa cuándo, podré volver a ver, da vida.

Mucha vida.

91.

Si fuera valiente durante un solo segundo, te diría que eres tú.
(El motivo de mi sonrisa.
La fuerza de luchar por todo.·
El primer y último pensamiento del día).

Si fuera valiente durante un solo segundo, te diría que...
Eres tú.

(Me gustas).

92.

Eres la que siempre está para todo el mundo, la que consuela a los amigos que tienen el corazón roto. Día tras día todo pasaba, y tú ahí. De pie, al pie del cañón. Con palabras de aliento, sonrisas y abrazos guardados en la recámara. Esperando el momento para ayudar a quién lo necesitara. Pero lo que ellos no sabían, lo que nadie sabía, es que tú caminabas con el corazón constantemente roto. Cómo iban a saberlo, si nunca les dejaste verlo. La misma respuesta para todos. «Estoy bien». Cuando por dentro tienes una tormenta en pleno océano, pero no dejas verlo. Piensas que cada cual ya tiene bastante con lo suyo. Entiendes que, a veces, es necesario dejar que los rayos, truenos y centellas que habitan en ti salgan para que después pueda llegar la calma. Entiendes que (des)ahogarte con alguien es mejor que (des)ahogarte sola, pero prefieres ahogarte en un mar de lágrimas, encerrada en tu cuarto, a oscuras, sonando esa música que sabiendo que duele, cura. Sana.

Por fin sale el sol en tu interior. Y todo vuelve a empezar...

93.

Podría acostumbrarme a esto. A recorrer cualquier parte del mundo contigo, solo con una mochila vacía para llenarla de momentos y experiencias increíbles.

Mirarte a los ojos. Esos ojos claros que hacen que mis días sean un poco mejor. Puedo ver el océano en ellos, y la inmensidad de tu alma también.

Cualquier futuro, contigo, sería perfecto.

Pero hoy, no sabes las ganas que tengo de abrazarte. Estás aquí, el tiempo escapa, y con él todos los abrazos y besos que deseo darte.

Un segundo en el presente me basta para explicarte, pero me falta valor para decirlo, para hacerlo. Casi siempre he sido una persona sin miedos, o lo he hecho todo aun con ellos, pero contigo lo tengo.

(No quiero perderte).

El futuro siempre es incierto.

94.

Midiendo las distancias. El momento. Pero no el lugar.
El océano me susurra al oído que eres refugio.
El viento en mi contra me acerca a ti.
El atardecer más bonito en el fin del mundo solo tiene tu nombre.

95.

La noche en Santander es tranquila. El ruido deja de ser incesante, aunque todavía se oye el sonido del fuego de aquella fábrica. Algún que otro coche de camino a casa, o no. Quién sabe. En mi cabeza todo sigue funcionando como si el sol estuviera brillando, como si la ciudad estuviera en el punto más alto de bullicio. Me paro a pensar en ti, como hago en cada momento del día. Y como si de un semáforo se tratase. Cuando está en verde, quiero hablarte. Cuando está en ámbar, tengo dudas. Cuando está en rojo, no hago nada. Pero sigo sin hablarte mientras pasan las horas, los días. Me quedo parada como si el semáforo estuviera constantemente en rojo, y en mi cabeza no lo está nunca.

No quiero agobiarte, ni molestarte, pero quiero decirte que estoy aquí, que pienso en ti, aunque estoy segura de que eso ya lo sabes, que solo es una excusa para hablarte.

A cualquier hora del día y de la noche eres el tren con destino a casa.

Eres mi momento de ebullición.

Mi momento de calma.

Eres todos los momentos y estados.

Y eso, también lo sabes.

96.

Siempre cometo los mismos errores. Parece que no aprendo. Quizá deba empezar a dejar de hablar de ti, aprender de una jodida vez que las cosas no funcionan como nosotros pensamos.

Soy la misma tonta de siempre, que cree en los cuentos perfectos, en los amores a primera vista, y en que todas las personas se fijan y valoran los pequeños detalles, pero nada de eso es así. Nunca. Nada.

Y eso hago cada día, seguir nadando. Huyo. Nado lejos. Cojo aire, pero no dejo de nadar. Sigo, y sigo. Y sigo. Pero nado sin un rumbo definido, no sé quién soy, no sé qué quiero, ni a dónde voy. No tengo ni un solo objetivo a medio o largo plazo que desee cumplir. Alcanzar. Todas las motivaciones que tenía en la vida se han desvanecido. Y tú con ellas. O yo contigo.

No quiero hablar de ti. Debería hablar(me) de mí, aprender a callar(me) tanto para bien como para mal, porque lo único que predomina en el mundo es la hipocresía, el cinismo y el interés.

Nada de eso hace bien.

Probablemente siga con las desilusiones, las lágrimas, los cambios de humor y las ganas de enviarlo todo a tomar por culo.

(O de volver a buscarte).

97.

Caminas con tus inseguridades a cuestas, con miedos y complejos. Pareces tener seguridad en ti misma cuando andas, cuando hablas, porque en ti rebosa la alegría; con una sonrisa puesta en la cara, brillas. Haces brillar todo a tu alrededor. Te armas de valor cada mañana para esconder dentro de ti todo aquello que te preocupa; tus problemas, la cara más dura de la moneda. Pero cuando vuelve a llegar la noche quitas la armadura sabiendo que aparecerá todo aquello que te quita el sueño.

Aunque tal vez.

Algún día.

Alguna noche.

Vuelvas a sentirte segura. En los brazos de alguien que te bese las heridas, los miedos y las cicatrices.

Y tal vez, algún día, sonrías también de noche.

98.

Durante el alba existe un instante mágico en el cual cualquier cosa puede suceder. Siento que ese instante mágico existe desde el día en que te vi por primera vez.

El alba me susurra todos los días tu nombre.

99.

Siempre he pensado que el amanecer y el atardecer son como dos obras de arte que brillan cada día de una forma única e irrepetible. Ambos están en constante cambio, y nunca podrás ver uno igual.

Nosotros, los humanos, asociamos la belleza de estos cuando vemos un sol radiante, cuando no se aprecia ni una sola nube en el horizonte y vemos el reflejo del sol en el mar. Pero lo que no entendemos es que también pueden ser preciosos en medio de una tempestad. El mar revuelto, un gran oleaje, la lluvia y la niebla son tan bonitos como el sol.

Nos cuesta apreciar ese tipo de fenómenos.

Si te paras a pensar, el sol, la lluvia, la calma, o la tempestad son como las personas: bonitas, brillantes y radiantes aun estando rotas por dentro, aunque en su interior se esté librando la mayor de las batallas. No todos son capaces de verlo, hay que aprender a mirar. No solo con los ojos, hay que ir un poco más allá.

Lo mejor, sin duda, siempre es invisible para ellos.

100.

No quiero mirar ningún otro paisaje que no sea el de tu cuerpo; porque tu cuerpo es paisaje, el más bonito del mundo. Incluso aunque a veces llueva por dentro. Quiero congelar el tiempo en él, en ti, contigo. Recorrer cada día el mapa de tu piel, admirar este regalo que la vida, el destino, la casualidad, o como lo quieras llamar, ha puesto en mi camino.

Has hecho luz donde solo había oscuridad, has llenado cada espacio, has dado una oportunidad a la esperanza, has hecho que vuelva a creer y a confiar, no solo en el amor, sino en las personas.

101.

Puedes volver a sus brazos una y otra vez, pero jamás te darán aquello que necesitas.

Dónde hubo dolor, siempre habrá dolor. ¿Quieres volver a eso? Perfecto, pero, ante todo, respeto.

Respeta.

Empieza por respetarte. Valórate porque cualquier día las oportunidades se acaban, la vida se acaba.

Vivir en dolor y con dolor, en la mayoría de los casos, es una decisión. Tu decisión.

Y mereces más.

102.

Quiero empezar a mirarte de nuevo, seguir descubriendo cada parte de tu cuerpo y admirar tu alma de la forma más pura. Quiero recordarte que tú, con tus miedos e inseguridades, eres la persona más preciosa que mis ojos han visto nunca. Todos mis sentidos puestos en ti, viéndote vivir y viviendo contigo. Hacerte partícipe de mi vida en todas sus etapas. Con la libertad de poder irte, sabiendo que vas a quedarte. Tu sonrisa es el motivo de la mía, escuchar tu risa el de mis días. Verte crear y creer, luchar, perder, aprender y seguir, luchar y ganar. Aprender a quererte con tus imperfecciones y que así puedas quererte más de lo que yo te quiero. Hacerte entender que eres el ser más lleno de vida, y de luz.

Mi palabra nunca se la llevará el viento, ni el tiempo. Mi palabra siempre será sincera. Y real.

Mi más sentido quiérete.

Hoy, mañana y siempre.

103.

Ojalá puedas encontrar en sus brazos la calma, esa que parece que yo no fui capaz de darte.

Aun siendo diferente, vuelves al pasado a la primera de cambio; no te dejas avanzar. Estás dentro de un bucle constante con destino a ninguna parte, pero tienes que ser tú la persona que debe abrir los ojos. Y no es porque quiera volver contigo (que también), sino porque mereces mucho más que una inseguridad diaria.

Deseo que recuerdes en sus brazos los míos.

104.

Es hoy el día de decirte adiós.

Estoy vacía por dentro y aun así las lágrimas no dejan de salir de mis ojos. Por eso es hoy el día. No porque no tenga ganas de seguir, o no tenga ganas de escribirte, de verte, o estar contigo; pero es hoy porque si estás vacía y no puedes dejar de llorar, ya no te queda nada.

No me queda nada.

Tú no estás y ahora pongo en duda si en algún momento estuviste. Me abrí el pecho en canal contigo. Fue rápido, sí, pero el tiempo no equivale a la intensidad, nunca lo hará.

Tú vuelves a la misma mierda, hasta que vuelvas a conocer a alguien. Y ojalá no, pero te volverá a ocurrir lo mismo.

Yo aquí, vacía, y tratando de olvidar todo lo que viví contigo, tratando de olvidarte a ti. Puede que, con el tiempo, acompañada por una rubia bien fresquita en cualquier lugar, a cualquier hora, saciando la sed que tú dejaste.

Asumir (que nuestro tiempo terminó) y acostumbrarme (a vivir con el recuerdo de la intensidad del que fue nuestro momento) a que tengo que dejarte ir.

Cuídate.

105.

Hace unos meses alguien muy importante para mí, me dijo: «No hace falta que digas nada porque se ve como la miras».

En ese momento no fui consciente de lo que iban a retumbar esas palabras en mi cabeza, pero ahora, con el tiempo, he conseguido entender que el amor en todas sus facetas se puede expresar con una sola mirada. No hace falta gritarlo. (Las miradas gritan por sí solas).

Recuerdo cómo te miraba. Me encantaba hacerlo. Ahora me duele, supongo que será el desamor.

O la decepción.

106.

Me pillas mirándote y no sé cómo reaccionar. Siempre se me escapa una pequeña sonrisa que tengo guardada en la recámara para ti.

Dijiste: «Es complicado, pero no imposible».

Esas palabras se repiten en mi cabeza, pero, lo que realmente no sé, es el efecto que causan en ella, en mí. Tengo días, supongo.

Puede que no tengas ojos para verme a mí, y yo no debería tener ojos para nadie. Ahora mismo no. Debo hacer(me) saber que primero estoy yo, volver a ser la que en su momento fui. Aceptar(me) y recuperar(me) para poder empezar de nuevo porque, aunque es cierto que nunca dejas de avanzar, a veces sientes que no dejas de chocar contra un muro, un muro que más que continuar, no te deja empezar. Quizá sea la razón, el corazón, o un poco de los dos.

Soltar aquello que me ata consciente o inconscientemente, dejar de querer que vuelva el pasado.

Ese que tanto dolió. Y sanar.

La esencia está.

Los pequeños detalles son los que marcan siempre la diferencia y mis detalles están anclados a ella.

107.

Me siento hundida.

Todavía no consigo dormir por las noches. Todos los miedos, las dudas y las inseguridades me esperan entre las cuatro paredes de mi habitación. Oscura, vacía y fría, así también siento mi vida. Duele. Todo duele más por las noches. En cambio, por el día, es cuando más lágrimas derramo, pero siento que el mundo se me escapa de las manos. La vida cambia. Avanza. No consigo avanzar con ella, me voy quedando atrás. Trato de buscar en mi interior la fuerza que me ayude a seguir adelante. No encuentro esa fuerza, ni soluciones. Solo inestabilidad mental.

No puedo más.

No quiero más.

Me siento cobarde por no levantarme contra viento y marea. Pero no sé dónde tengo el corazón, y menos la cabeza. Estoy completamente perdida. Sin rumbo. Ni ganas.

Los días se hacen eternos cuando no sabes hacia dónde vas. Desperdiciando el tiempo que tan escaso es. No hay sueños. Ni tan siquiera hay pequeños objetivos por los que luchar; con levantarme de la cama ya está.

Necesito una razón.

Regalarme una sonrisa.

Darme una oportunidad. Para volver a ser (yo).

108.

Contarle a una persona cualquier cosa sobre ti es darle el poder para destruirte. Siempre he sido de confiar en las personas, de pensar que en esta sociedad todavía existe alguien que tenga buenas intenciones. Pero cada día lo dudo más. Conoces a una persona, hablas con ella durante un tiempo. Te demuestra, confías y te abres a ella. Le cuentas tus miedos, tus inseguridades, tus sueños, tus día a día. De la noche a la mañana todo se vuelve frío, se aleja y no entiendes por qué. Actúa de la forma equivocada, destruyéndote, se aleja, te quedas en la mierda. Te reconstruyes asegurando que no te volverá a pasar, te haces fuerte, un poco más reservada, te acostumbras a la situación y convives con ello hasta que levantas la cabeza y consigues salir del pozo, del bucle.
Conoces a una persona.

Y todo vuelve a empezar...

109.

Vuelve a caer la noche en Santander. Hace cada vez más frío, parece que el mundo está en guerra fuera de estas cuatro paredes. Y aquí estoy yo, dispuesta a salir corriendo para ir a buscarte. Pero no, hoy no.

Sientes que estás perdida, caminas sin rumbo entre la gente, tratando de volver a encontrarte, tratando de aceptar, superar y seguir adelante. Ya no buscas razones, tampoco las quieres. Pocas cosas consiguen llenarte, ilusionarte. Intentas vivir al máximo, pero vives en el límite. Los días pasan, los momentos y las oportunidades, también. La mirada inerte, en la cabeza una ciclogénesis explosiva, respiración lenta y llena de suspiros por culpa de la falta de aire.

Sientes que la vida te pone a prueba constantemente y estás cansada de tener que ser fuerte. A veces, incluso, crees que finges serlo, pero dentro de ti guardas el valor y la actitud necesarias para poder contra cualquier obstáculo que se te presente en el camino. Y no sabes que existimos personas capaces de ver esa esencia que derrochas en todo aquello que haces. Tu esencia, esa con la que vas caminando e iluminando vidas ajenas. Por todo eso yo saldría corriendo a buscarte. Llegaría a los confines de la Tierra con tal de poder mirarte a los ojos una vez más, con tal de ayudarte a encontrarte, porque siento que encontrarte es encontrarme a mí. Recorrería miles de kilómetros con tal de poder acariciarte (el alma) una vez más, con tal de abrazarte (el alma) una vez más, con tal de besarte (el alma) una vez más, con tal de tener tumbado tu (alma) cuerpo en la cama una vez más. Con tal de verte despertar (el alma) una sola vez más.

110.

Esa noche de domingo que pasé contigo no sé por qué me vino a la cabeza el otro día. Tal vez fue el subconsciente que me jugó una mala pasada. Pero recuerdo cada detalle que pasó, y todavía se me pone la piel de gallina. Cada beso, cada roce de tu piel con la mía, sentir como se aceleraba tu respiración... no me arrepiento de aquello. Quería llegar a más y al mismo tiempo no. Ahora querría llegar más lejos, rozar con la yema de mis dedos cada centímetro de tu cuerpo, besarte el cuello, la espalda y sentir cómo se eriza tu piel, acariciarte el pecho, bajando hasta el ombligo y un poco más allá...

El alcohol ayuda a desinhibirse, pero no es una excusa: lo acabas haciendo porque lo sientes. Ese día no, pero ahora lo haría sin probar ni una sola gota de alcohol, y sé que el resultado y las ganas serían las mismas. O más.

Me emborracharía de ti.

Te recuerdo aquella noche, ardiente, preciosa, y me dan ganas de revivirla una y otra vez, aunque no sé quién estaba más ardiente, si la noche, o tú.

Pudiste conmigo.

Y eso, me puede.

III.

Como si te tratases de un sueño inalcanzable observo tus fotos, admiro tus ojos color cielo, en los cuales quisiera ver reflejado cada amanecer, cada atardecer, cada tempestad y cada momento de calma. Tu pelo rubio como el sol, radiante. Esa sonrisa que alegra el día a cualquier persona que se cruce con ella. Son una mezcla explosiva para todo ser humano.

El sonido de tu voz retumba en mis oídos como si se tratase de la melodía más dulce que jamás he escuchado.

Eres un enigma para muchos. Algunos han intentado resolverte, sin éxito, pero tu esencia es precisamente eso. No tienes solución. Eres energía pura, limpia y renovable, no eres consciente de ello, quizá nadie lo sea. Excepto yo.

Quisiera descifrarte día a día y no terminar de conocerte nunca, descubrir todo de ti, que nada sea todo y todo sea nada.

Te veo delante, te miro, a ti entera. Cierro los ojos, pero sigo viendo tu luz, brillante. Deseo no ser invisible para ti, que no seas un sueño inalcanzable, que exista una posibilidad, aunque sea improbable, y se haga realidad como uno alcanzable.

Posible.

112.

Toda mi vida, desde que tengo uso de razón, me he arriesgado a decir, y a hacer cualquier cosa que sintiera o que supiera que merecía la alegría que daba. En este caso, guardo mis sentimientos encerrados en el corazón y en la cabeza; intento cerrarlos con llave porque sé que, si abro la boca, te perdería. Y no estoy dispuesta a volver a perder: no lo soportaría. Cansada de empalmar una tras otra, cansada de ilusionarme con nada y pegarme la hostia con todo. A veces sabemos que nos la vamos a pegar fuerte, y en vez de frenar, aceleramos. Creo que nunca había sentido eso, hasta ahora. Es ahora cuando he entendido esas palabras que me habían dicho tantas veces, tantas personas diferentes.

No soy de usar la palabra «imposible», prefiero decir «improbable», pero haré una excepción: es imposible frenar todo aquello que llevas dentro, que pide a gritos ser gritado, aquello que te hace sentir y tener una explosión de buenas sensaciones, sentimientos sinceros, los que te ocurren aun sin querer que pase.

Veo esta hostia a leguas y, a pesar de eso, no soy capaz de frenarme. Quién sabe si el tiempo o la vida, en algún momento, te hagan sentir lo mismo. Conmigo. Quizás nos den esa oportunidad de estar en un mismo camino, haciéndonos crecer mutuamente, compartiendo y viviendo experiencias como si, aun siendo siempre dos, fuéramos solo uno.

Por ahora, me quedaré callada, gritando y ardiendo por dentro, dejando que el tiempo y la vida se encarguen de poner cada cosa en su sitio. Te veré crecer, luchar, querer. Y aunque tú no me sientas así, yo estaré contigo. Mientras tanto, te soñaré despierta. Y en sueños, cerraré los ojos y te veré, aunque no te vea. Te pediré con todas mis ganas, y pediré que, algún día, lo sientas. Nos sintamos.

113.

No conformarse con algo es bueno en algunos casos.

Si sabes lo que mereces, y lo que estás dispuesto a dar, a hacer por conseguirlo, no te conformes. Debes saber que puedes llegar a conseguir todo lo que te propongas, solo tú puedes decir basta.

Aquí y ahora.

Soy inconformista conmigo, contigo, y con esto.

¿Por qué no puedo querer más?

Esto es un sueño posible. ¿Y tú...?

Tú también.

ÍNDICE